ZEN-ON guitar etude series

FERDINANDO CARULLI
· 45 ETUDES ·

全音ギターエチュードシリーズ　3

カルリ 45のエチュード

人見　徹　編

zen-on music
全音楽譜出版社

CONTENTS

フェルディナンド・カルリは1770年2月10日（1842年歿）ナポリ法廷委員をつとめた有名な文士の子として生れた。最初、教会音楽の歌唱法を学び、次にチェロを学び、その後ギターを独習した。

1808年パリに行き、何度か演奏会を開いて成功をおさめ、彼のやさしい作品は広く愛好されるようになった。独奏をはじめ二重奏、三重奏、四重奏、協奏曲、歌曲等300あまりのギターのための作品を発表した。中にはギター伴奏によるソルフェージュもあり、現在も使用されている。また、ギター教本は内容が楽しく親しめるものであったため、多くの愛好家より歓迎され成功をおさめている。邦訳カルカッシ、その他数多く発行されているわが国の教本には必ずカルリの曲が掲載されているのをみても、いかに彼の教本内容が初歩者のために有益であるかを物語っている。

本書もまた上記の教本内容を藉りてはいるが、その他の数多くの作品の中より初歩者のためになりかつ楽しい曲を選び、入門書形式で漸進的に編集されている。ピアノはバイエル、バイオリンはホーマンという如く、同一人の教本を次々と履修するのに、ギターではまだ教程が確立されていないためめまぐるしいほど多くの人の練習曲を毎日替るがわる勉強しなければならない。本書はその煩雑さを排除し、統一された初歩的技術を短時日の内に修得できるものと確信している。

尚本書修了後は全音エチュードシリーズ「**カルカッシ25のエチュード**」「**アグアド35のエチュード**」次に「**コスト25のエチュード**」更に「**ソル25のエチュード**」に進むことをおすすめする。

最後に、本書編集にあたり、中野二郎先生の貴重な助言をいただき感謝いたします。

● 本書使用上の注意

❶ 本書の特徴は重複した練習目的を避けて音符の読み方から各調、セーハ、スラー、装飾音、ハーモニックス、ハイポジションに至るまでを漸進的に編集されていることです。一曲もとばさず練習していただきたい。

❷ 初心者は、むやみに速くひきたがりますが、それでは決して大成することはできません。正確な押弦と、正確なタッチで、一音一音ハッキリひき、自分の音に耳を傾けながら練習することが上達の早道です。ジックリ腰を落着けて一曲一曲確実に進んで下さい。

❸ 本書の運指は著者のものです。教本的性格をもって運指されていますから将来のために必ず守ってください。マスターしたのちは自分の解釈による運指をおこなってさしつかえありません。

❹ 発想は15番のAndanteを除けばすべて原譜どおりです。自分の解釈あるいは先生の指導により、更に発想を追加して、仕上げて下さい。

❺ ★印はカルリ教本より転載したものです。

人見　徹

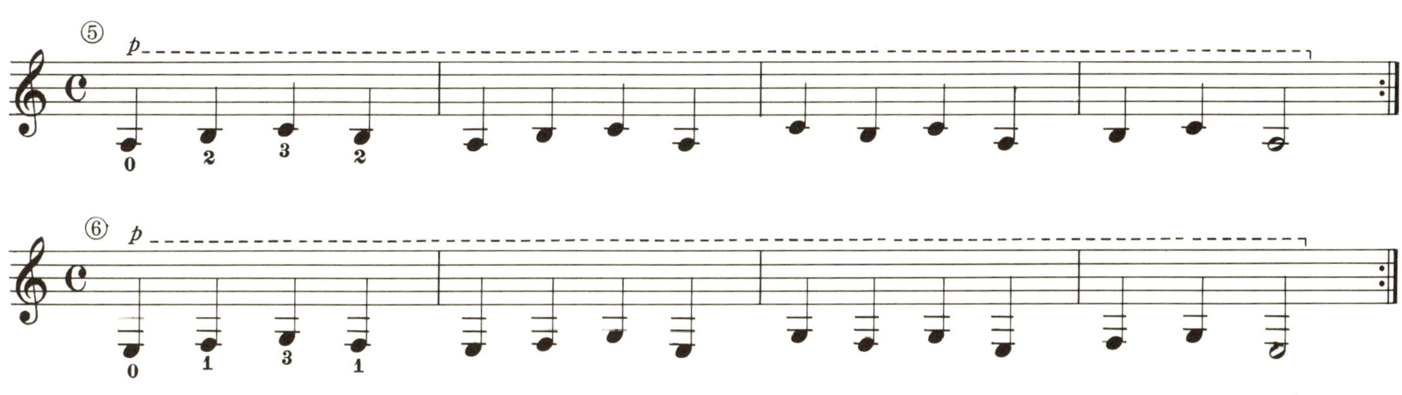

―― 解　説 ――

【No. 1】

各弦上における３つの音をおぼえるための練習

（イ）　左手１指で押えたファをひいても，その指をはなさないで次のソを３指で押えてひき，再びその１を用いること。

　　　第３小節の $\frac{3}{1}$......とあるのはソを押えるとき次のファを同時に押えて前述のとおりにする。

（ロ）　は（イ）の説明を準用する。

　　　全弦 im 及び ma の交互奏法も練習してください。（イ）（ロ）の注意は全曲に応用してください。

―― 解　説 ――

【No. 2】

１の練習を連ねた音階練習　前曲で各弦の音の配置がどうなっているかをよくおぼえられたと思います。これを順序よくひいていくとハ長調の音階ができあがります。但し③弦の第４フレットを押えたシは②弦の開放弦と重複しますのではぶきます。

　　演奏にはいる前に音符をスラスラ読めるまで練習しなさい（音符にふりガナをつけてはいけません）それから左指の押えを確かめて，シッカリした肉のある太い音を，タイムいっぱいにひびかせて，ゆっくり練習してください。

─── 解　　説 ───

【No. 3】

第1弦より第4弦にまたがる練習　音符を見てどの弦のどこを押えたらよいかを考えることなく，すらすらひける
まで練習すること。m i の交互でアポヤンド奏法のしっかりした音でひくこと。

（イ）　♯は半音高くなるシャープ（嬰記号）この場合第4弦の第4フレットを押える。♮ナチュラル（本位記号）は
　　　　もとにもどす。この場合第3弦の第3フレットを押える。

---解　説---

【No. 4】

１弦より３弦にまたがる練習　ほとんどの運指をはぶいてありますが，音符と押弦・タッチが直結するように練習すること。この曲とNo.6は二重奏になります。

（イ）　第２弦第２フレットを押える。

（ロ）　このソを４で押える。

（ハ）　第３弦第１フレットを押える。

───── 解　　　説 ─────

【No. 5】

第3弦より第6弦にまたがる練習　すべての音を p のアポヤンド奏法で力強く。さらにひいたあと第1関節を曲げたアル・アイレでひくこと。

（イ）　第6弦第4フレットを押える。

（ロ）　第6弦第2フレットを押える。

（ハ）　第6弦第1フレットを押える。

解　説

【No. 6】

第3弦より第6弦にまたがる練習　すべて *p* によるアポヤンドとアル・アイレ奏法でひき，音符と押えとタッチを直結するまで練習すること。No. 4 といっしょにひくと二重奏になります。

（イ）　♭は半音低くなるフラット（変記号）この場合第5弦第1フレットを押える。

（ロ）　第5弦第4フレットを押える。

（ハ）　第4弦第1フレットを押える。

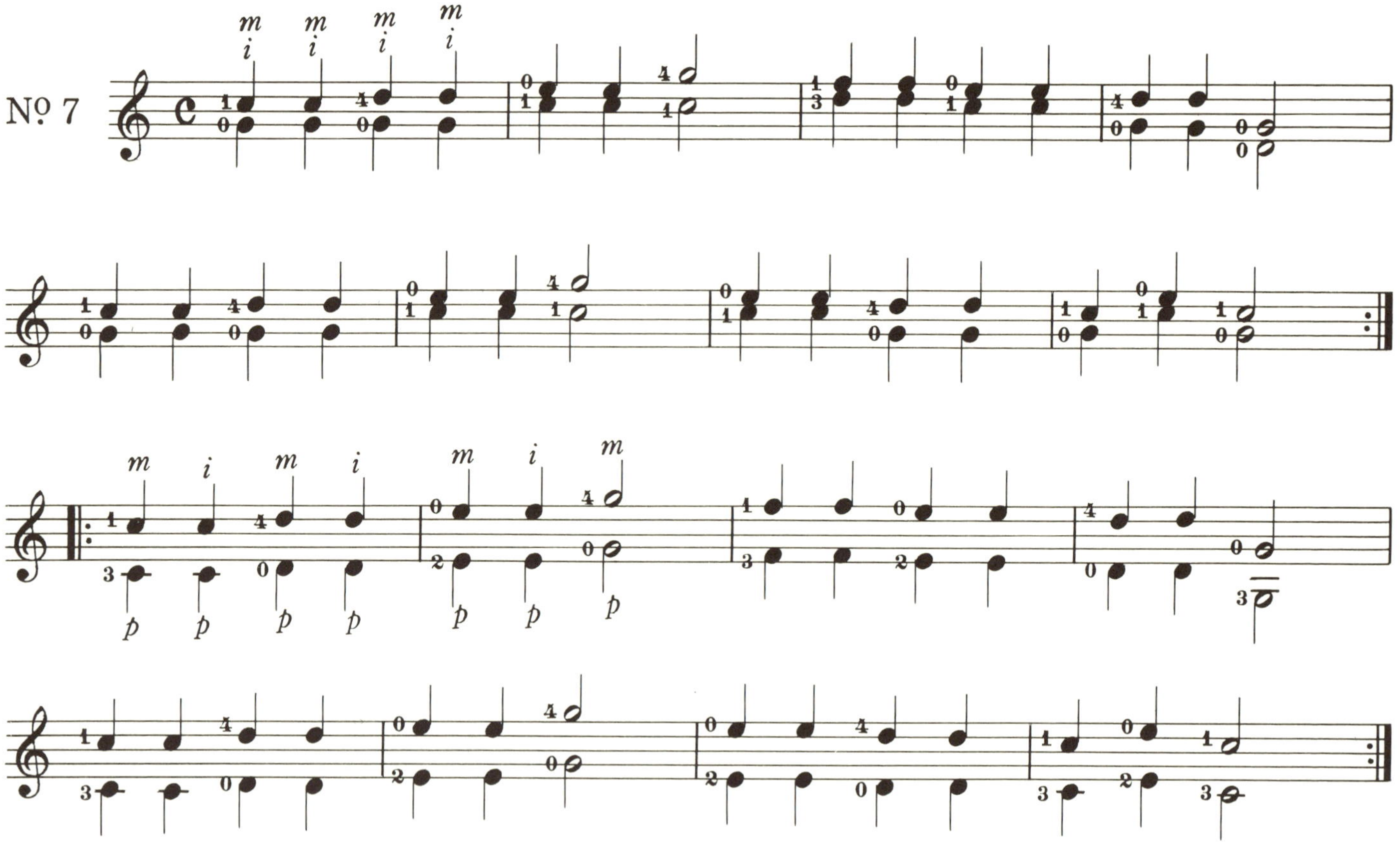

N⁰ 7

―― 解 説 ――

【No. 7】

二つの音を同時にひく練習　最初の8小節は **mi** で同時にアル・アイレでひくこと。次の8小節はオクターブ練習で低音はすべて **p** でひきます。ともに同時に発声し，音質，音色が等しくなるまで練習すること。

―― 解 説 ――

【No. 8】

ハ長調3部分形式　　低音を豊かに発音し，それを保持する練習。

（イ）　低音ドを2拍保持するため，次の小節にはいるまではなさず，浮かさずにおく。

（ロ）　○は低音を止めないために必ずアル・アイレでひくべきところ。

Andante
(イ)
(ロ)
Nº 9

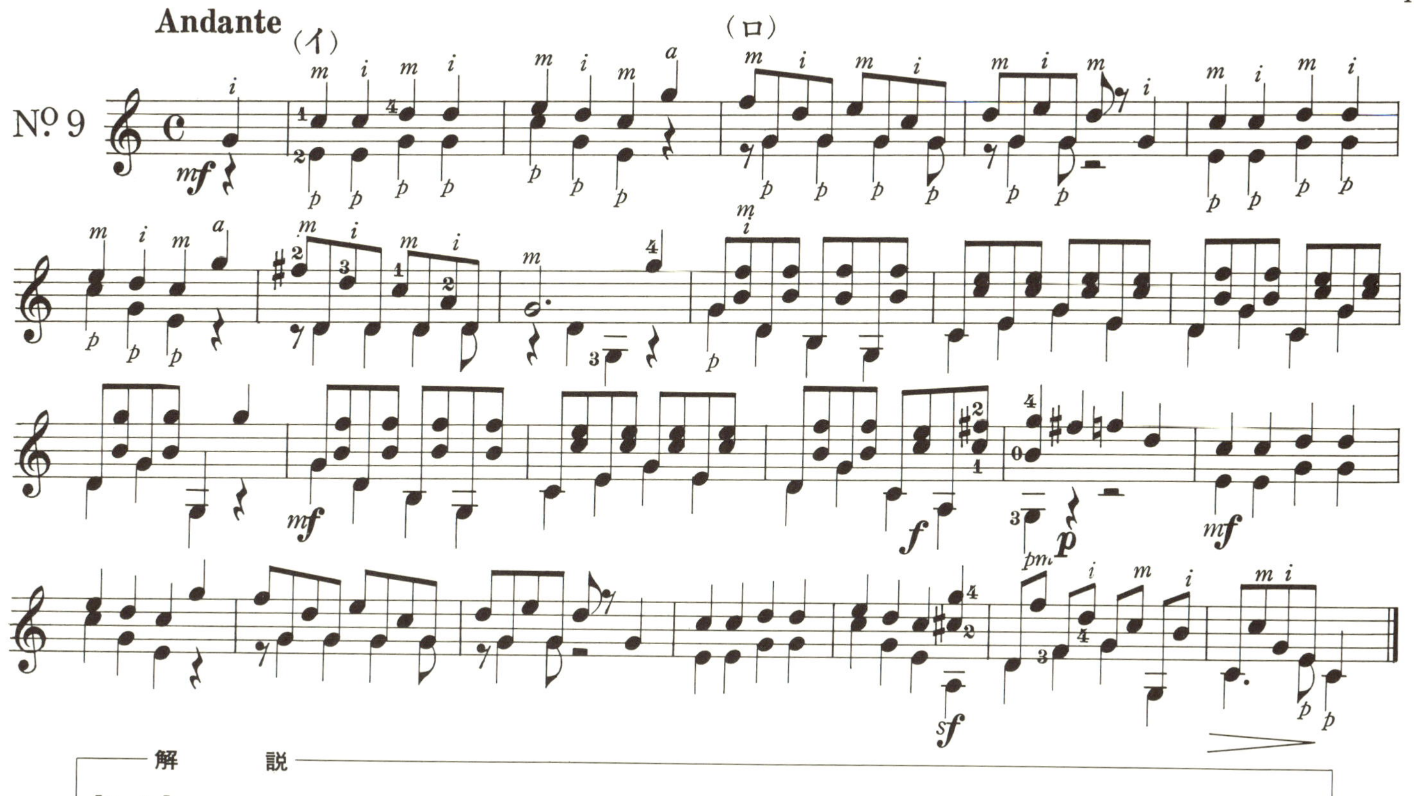

解　　説

【No. 9 】

ハ長調の３部分形式　　豊かな低音はギターの持ち味を発揮する第一条件です。

（イ）　pに対するmiの交互奏法練習。

（ロ）　miのひく高音は四分音符の時価です。

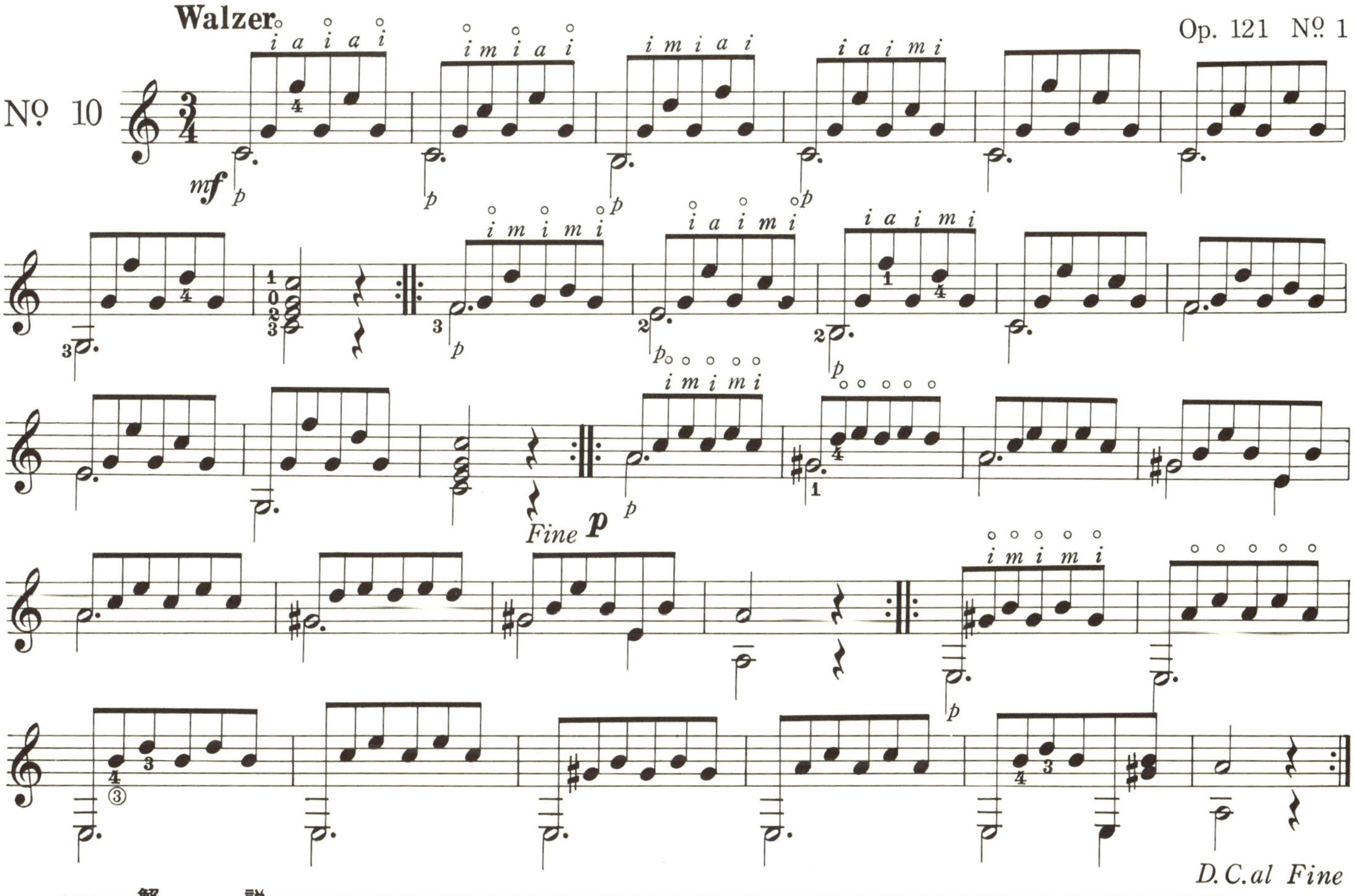
Walzer
Op. 121　Nº 1
Nº 10
Fine
D.C. al Fine

解　　説

【No.10】

ハ長調の３部分形式　　低音の保持と第２，３拍に四分音符の時価を与えて歌わせる練習。

Anglaise

Op. 121　N⁰ 6

N⁰ 11

Walzer

Op. 241 ᴵᴵ N⁰ 2

N⁰ 12

解　　説

【No.11】

3 部分形式の18世紀頃流行したイギリス舞踊アングレーズ

（イ）　pと同時にひく m のアポヤンド練習。たいへん困難ですが必ず会得せねばなりません。

（ロ）　以下の新しい運指を何回もくり返して会得しましょう。

── 解　　説 ──

【No.12】

p と同時にひく am のアポヤンド練習　　前曲と同じようにやっかいな練習ですがマスターせねばなりません。
（イ）　以下6小節の和音構成の押弦をマスターし，小節内の音を保持すること。
（ロ）　以下7小節の第1拍に二分音符の時価を与え，a のひくミはアル・アイレで軽くひく。

── 解　　説 ──

【No.13. 14】

分散和音（アルペジオ）練習　　全部または一音にアポヤンドを与えていくとおりも練習し，最終的にはアル・アイレで
速くひく要領をおぼえること。この和音進行を利用して，音型をいろいろ変化させて練習しましょう。
粒を揃えてキレイにひびかせることが大切です。

Andante
No. 15
Fine

━━ 解　説 ━━

【No.15】

イ短調複合三部分形式　　今までのまとめとして練習してください。豊富な音量でゆっくりと演奏しましょう。

　（イ）から次の3拍まで上昇して下降しています。抑揚の効果を上げるため特別の指定（ロ，ニは逆になっている）がない限り段々強くして段々弱くします。

　（ニ）から⌒までが前半の山です。

　（ハ）の休符は全弦の音を止めます。

　（ホ）前半のイ短調とは対照的にハ長調の明るさを表現します。また，リズミカルにひきましょう。

　（ヘ）（ト）がこの曲の山です。同じことを繰返すとき，二回目は特に念を入れて，ひかねばなりません。

　（注）　この曲の発想は著者のもの。原譜には何もついていません。

解　説

【No.16】

ト長調の三部分形式

（イ）　ファは全部半音上ります。

（ロ）　のファは①の第2フレットを押えます。半音あがっていることを忘れぬようにしてください。

（ハ）　1を連続使用しています。音をおろそかにせぬよう。

（ニ）　mの連続使用は粒を揃えるため。

Op.241　№ 13

【No.17】
(イ)(ロ)(ハ)(ニ)(ホ)　音の移動と共におこなわれる指使いの困難さを反復練習によって征服してください。

─── 解　説 ───

【No.18】

イ 短調三部分形式　　おちついたテンポで音の保持に注意しながらしっかりした音で練習する。

（イ）　の指使いをおぼえましょう。

（ロ）　左親指を移動させずに押弦します。

　　　　この音にアクセントをつけます。

（ハ）　3がはなれやすいから注意して下さい。

― 解　説 ―

【No.19】

ホ短調三部分形式

（イ）　1，3をそのままにして2，4を押えるように訓練し，上声は単に4を押えたりはなしたりむだをなくすこと。

（ロ）（ハ）　次の押弦に気をとられて音をおろそかにしがちですから，よくききながらひいてください。

WALZER
N.º 20
I. VARIAZIONE
Fine
D. C. al Fine
Fine
D. C. al Fine

── 解　説 ──

【No.20】

ハ長調のワルツを三つの変奏にしたアルペジオ練習　全曲同じテンポでひくこと。

（イ）で押えている 4 をそのままにして次の和音に移ることをおぼえる。

WALZER
№ 21
(イ)
(ロ)
(ハ)

―――― 解　　説 ――――

【No.21】

ト長調のワルツとアルペジオ練習　小節内の押弦の保持を確立すること。

（イ）　次のシを２で押えるためド，ラを１，３で押える。

（ロ）　次のソを発声する前に２がはなれて音が止まりやすいから注意すること。

（ハ）　半音上っていることを忘れぬように。

Walzer

Op. 333 ^I– № 4

№ 22

VAR. I

VAR. II

解　説

【No.22】

ニ長調のワルツとアルペジオ並びに音階練習

（イ）　ニ長調では（ロ）のように第1フレットを臨時に押えるとき以外は常に第2ポジションの運指を用います。

（ハ）　音階練習を目的としています。左指の迅速な動きを要求されます。粒を揃えたのびのよい音で輝やかしい演奏をしてください。

No 23
Andante
Op. 121 No 18
mf
(イ)
m i i
p
mf
Fine
(ロ)
p
f

<table>
<tr><td>

解　説

【No.23】

イ長調複合三部分形式 FineまでをA（aイ長調・bホ長調・a）その後をB（aイ短調・bハ長調・a）各楽節から成っており，おのおのの対照的に扱われていることに留意してゆったりと大きな感じを表現してください。

（イ）　〔　は小セーハを意味し，1指の指紋のあたりで④③弦を一度に押えます。

（ロ）　＞は著者のもの。

</td></tr>
</table>

Op. 121　№ 5

№ 24

<table>
<tr><td>

解　説

【No.24】

付点音符の練習　付点音符が短かくなりがちですから拍子を数えてしっかり練習してください。

（イ）　付点八分音符と二分音符が並んでいるのは次のシに対しては付点八分音符ですが，二分音符の保持を必要とするの意で，2回ひくことではありません。

</td></tr>
</table>

No 25
Allegretto

───── 解　　説 ─────

【No.25】

ホ長調ＡＢＡＣＡ′Ｂ′Ａ″のロンド形式 特に高い音楽性は要求されませんがフレーズのメリハリをはっきりすると楽節ごとの対照が出ておもしろい曲です。Ｃだけで三部分形式です。その第２楽節（イ）のオルガンプンクト（⑥開放で８小節鳴り続く）がうるさくならぬよう控え目にひいてください。Ｖの前の音は弱くスタカートぎみにし、休符は全弦振動を止めて、フレーズをハッキリさせてください。

Poco Allegretto
No 26

<hr>

━━━ 解　説 ━━━

【No.26】

ヘ長調複合三部分形式　音階とアルペジオによる練習ですが，アルペジオの第1，3拍にある旋律を浮き立たせると楽しい曲になります。

　（イ）（ロ）（ハ）（ニ）（ホ）などの変化音にはアクセントをつけてください。

Allegretto

№ 27

─── 解　説 ───

【No.27】

ニ短調ロンド形式（ＡＢＡＣＡ）

　Aのメロデーは高音に，Bは低音にあり，Cでは関係調和音を使って低音を半音進行させてこの曲の山（ロ）を形成しています。十六分音符がはやくなりがちです。テンポを崩さぬように。

（イ）　第1拍，第4拍に四分音符の時価を与える。

（ロ）　セーハに注意し，鳴らない音がないように。

Andante grazioso

№ 28

解　　説

【No.28】

A（仮終止）B A′のニ長調三部分形式

付点音符のリズムのとり方と消音技巧には絶好の練習曲。

　この曲で殆んどの休符は左小指及び薬指の腹で消音することができます。付点音符はゆっくり正確に数えて，よくマスターし，付点音符のリズム感を覚えましょう。

Op.333 [I] № 8

Allegro

№ 29

解　　説

【No.29】

リズムの変化の練習　　三連符の頭にアクセントをつけてタイムを崩さぬように。

解　説

【No.30】

　スケルツォは諧謔（かいぎゃく）曲と呼ばれます。この曲は三部分形式のスケルツォと TRIO から成っています。

　各声部を大きく動かして激しさを現わし TRIO では二分音符をゆったりとひびかせ，粒の揃ったアルペジオをキレイに流して，スケルツォとは対照的に演奏しましょう。テンポを崩さぬよう。

— 解　説 —

【No.31】

　付点音符をはずませず，リズミカルにならぬよう注意し悲しさを静かに歌って下さい。

（イ）　次の音の出る直前にこの和音を消音する練習，尚このアクセントは強すぎないように。

（ロ）　**sf** はその前の音をスタカートぎみにすると効果があります。

Divertissment
Moderato

解　説

【No.32】

嬉遊曲とも呼ばれます。

（イ）　低音のよき処理はメロディーをよく浮き立たせ，ハッキリしたリズムを表現することができます。

（ロ）　六連符の出現でテンポを崩さぬように。

Poco Allegretto

№ 33

【No.33】

二音間のスラーの練習　⌒で結ばれた音をすき間なく，なめらかにつなげることをスラーまたはレガートといいます。
　下降スラー（イ）はラを押えた指をはじいて次のソを発音，上昇スラー（ハ）はファを押える指を指板に打ちおろして発音，2弦にまたがるスラー（ロ）は（ハ）と同じように打ちおろします。但し第一音はアル・アイレでひくこと。

№ 34

【No.34】

数音間のスラーの練習　前曲の要領はこの曲にも応用されます。第一音は右でひき，第2音以下はすべて左で発音します。アクセントは第一音に移動します。なめらかさ（レガート感）をおろそかにせぬこと。音量は右でひいたときと同じようにならねばなりません。指を強くしてスラーの技術をマスターするように毎日の訓練が大切です。

№ 35

【No.35】

重音のスラー及び単音，重音のグリッサンド練習　グリッサンドは第一音を押えた指を次の音の位置に勢いよくすべらす。
　音のつながりをなめらかにすることを目的とし，時価いっぱいに音を保持して次の音を右指の代りに左指で発音します。第一音が短かくなったり，第二音にアクセントがついたりせぬよう注意しましょう。この注意は前二曲にも準用します。

───解　説───

【No.36】

装飾音の練習

のように演奏します。

装飾音の演奏法は古典・浪漫・現代にわたり多種多様ですから，作曲者の年代によってかわることを知っておきましょう。

No. 37

───── 解　　　説 ─────

【No.37】

第9ポジションの練習
　常に楽譜を見ながら練習して，音符と押えるべき位置を直結するようにしてください。

No. 38

───── 解　　　説 ─────

【No.38】

ハーモニックスの練習　ソフトなタッチで雑音のない粒の揃った美しいハーモニックスを求めてメロディーを歌わせてください。特に第9，5は鳴りにくいのでこまかい神経を要します。

Menuet
Andante

Op. 276 № 18

№ 39

【No.39】

　堂々とした感じでゆっくり演奏してください。運指によって曲の感じがたいへん変わります。例えば（イ）の小節を第 9 ，次の小節を第 7 ポジションにして旋律を 2 弦でとるとすばらしい音色を得ることができます。そして（ロ）以下 4 小節の楽句との対照がハッキリ致します。

【No.40】

この曲のような音の動きは走りやすいので，常にテンポに気をつけて格調高い演奏をするよう心掛けてください。

―― 解　説 ――

【No.41】

ト長調三部分形式　テンポのおそい曲ですが，もたれずに，豊かな音質で，サラット仕上げたいものです。

（イ）　完全終止し，その後はコーダになっています。

（ロ）　ト短調の第二部分は完全終止し，その後はダカーポのための経過句です。

Andante mosso
Op. 211 No. 13
No. 42

解　説

【No.42】

結尾部をもったハ長調ロンド形式

　追いかけて出てくる低音の旋律（カノン風）に注意し，古典の優雅さを表現してください。結尾部の（ロ）の装飾音と

（ハ）　のアルペジオの違いに気をつけましょう。

（イ）　次の和音えなめらかにはいるためこのような運指を用います。この和音にはアクセントをつけます。

Op.124 N⁰ 20

Menuet Presto

No. 43

解　説

【No.43】

　Prest といっても，やたらにはやくてはいそがしいだけで，内容は何もなくなります。

（イ）　の8小節はオルガンプンクトですから，軽く流して，上の二声を歌わせましょう。

（ロ）　前から押えている④弦の3指を動かすことなく指を開いて，カン所を押えてsfのひびきをよくしましょう。

Andante grazioso

Op.241 N⁰.24

N⁰. 44

― 解　　説 ―

【No.44】

　２オクターブの音域をもった二声は反進行して急速に狭くなります。第３小節目にもその後にも幾度かあります。大小のこうした音階的動きがこの曲の特徴といえましょう。＜　＞の表現を豊かにし、あまり気ばらずに優雅な感じを出したいものです。特に（イ）以降４小節はきざみをソフトに。

— 解　説 —

【No.45】

　　反復記号まではイ長調の拡張アルペジオと六度音程及びスラー，次の反復16小節はホ長調の拡張アルペジオと三度音程
及びスラー並びにカンパネラ TRIO の 8 小節は嬰ヘ短調のオクターブと和音及び大セーハ，その後はニ長調の和音，小セ
ーハ及び付点音符並びに Re のオルガンプンクト等多くの練習を含んでいます。
　　以上の練習目的をマスターし，三部分形式の対照をハッキリさせて，大ワルツにふさわしく仕上げてください。

●著者紹介

人見　徹

●著者略歴

大正12年1月13日生　昭和41年2月4日没
小原安正，斎藤太計雄，大宮真琴に就く。
昭和25年第二回ギターコンクール第一位入賞
スペイン大使杯受賞
昭和26年第一回リサイタル
昭和36年ギター二重奏「二人の友」第一回
リサイタル（三木理雄のコンビ）
その他，独奏，二重奏，三重奏にてテレビ，
ラジオ，レコード，公演に活躍した。

●主な著書

カルリ45のエチュード
全音ギターピース
（タンゴ・六段の調べ）他

●一流ギタリストによる
本格的
ギターエチュード
シリーズ
●菊倍判

ギターを学ぶ過程において、基礎的な技巧および音楽性を養なうことは不可欠の条件です。このシリーズは、初級から中級、上級にいたるすべての学習者がより合理的に実力がつけられるように編さんしたものです。全国の教授所で副教材としてもっとも多く使われていますが、独習されている方がたもそれぞれの技術的過程に合わせて選び、漸進的に修得されていくことをおすすめします。

カルリ　45のエチュード　　　　　●　　発行 —— 株式会社全音楽譜出版社

編著者 ————————————— 人見　徹　　—— 東京都新宿区上落合2丁目13番3号〒161-0034

—— TEL・営業部03・3227-6270

—— 出版部03・3227-6280

—— URL　http://www.zen-on.co.jp/

—— ISBN978-4-11-238030-4